保存容器だけで

レンチン

「おかず」レシピ

検見﨑聡美
Kenmizaki Satomi

家庭か

青春出版社

保存容器に材料を入れて、まぜて、チンするだけ！

この本のページをぱらぱらっとめくってみてください。おいしそうでしょ？　で、割りと本格的で、けっこう手間がかかっているように見えるでしょ？

ところがです、ここで紹介している料理は、ぜんぶ次のレシピで作れてしまいます。

① レンジ対応の保存容器に材料を入れ、混ぜ合わせる。

② 電子レンジでチンする。

たったこれだけ。

あとは盛りつけるあなたのセンス次第。面倒なら、そのまま食卓に並べたって問題なし。

ふだんのおかずに、昼食に、夜食に、おつまみに、おやつにと、大活躍まちがいなしです。

火を使わないレンジ調理なので、あらかじめ容器に材料を混ぜて用意しておけば、お子さんや料理の苦手な家族にも安心してまかせられます。好きなときに自分でチンして、できたてアツアツを食べてもらうことができます。

しかもあまったら、そのまま冷蔵庫や冷凍庫で保存もできる、まさにいいことづくめです。

「おハコ（保存容器）」料理が、皆さんの「十八番（おはこ）」となりますように——。

肉のおかず

保存容器だけで
レンチン
「おハコ」レシピ

menu

魚のおかず

野菜のおかず

ごはんとめんと粉もの

おつまみ

あると便利な「ごはんのとも」もおハコで!

レンチン『おハコ』レシピの決めごと

▷決めごと 1 ／ 材料

2人分です。

- -

▷決めごと 2 ／ 大さじ・小さじ・計量カップ

大さじ1は15㎖、小さじ1は5㎖、1カップは200㎖です。

- -

▷決めごと 3 ／ レンジ対応の保存容器

本書のレシピは、角型の保存容器は591㎖（145㎜×145㎜×63㎜）のものを、丸型の保存容器は236㎖のものを使用しています。
もちろん、他のサイズの保存容器でも作れますが、加熱時間等の調節が必要です。

- -

▷決めごと 4 ／ 電子レンジ

600Wを使用しています。
ただし、同じワット数でも電子レンジによってクセがありますし、ご使用のレンジ対応保存容器の形や大きさによっても多少誤差が生じます。レシピの加熱時間は目安と考えて調節してください。

- -

▷決めごと 5 ／ フタをして数分おく

レシピには、レンジで加熱したあと「フタをして数分おく」という過程があります。これは、余熱を利用して材料に熱を加えていくテクニックです。
ちょっと火の通りがあまいかな、というくらいで加熱をやめて、あとは余熱に任せることで、食べるときにちょうどいい仕上がりになります。

- -

▷決めごと 6 ／ フタを斜めにのせる

レシピでは、「フタを斜めにのせる」「フタをずらしてのせる」という過程が多く登場します。
レンジ対応の保存容器によっては、蒸気弁がついていて、フタをしたままレンジできるものもありますが、その場合でもフタをはずし、斜めにのせたり、ずらしてのせて加熱してください。

肉 のおかず

牛肉のたたき

こんなに簡単なのに、味も見た目も本格派

牛ももかたまり肉……150 g

Ⓐ
- 塩……少々
- こしょう……少々
- しょうゆ……少々
- サラダ油……少々

作り方

1 レンジ対応の保存容器に牛肉を入れる。

2 牛肉にⒶを順番にすり込む。

3 フタをせずに電子レンジで1分30秒加熱し、フタをして3分おく。

4 切り分けて盛りつけ、好みでわさびを添える。

ビーフストロガノフ

パンはもちろん、ごはんのおかずにも

玉ねぎ……1/4コ（50g）
>>> 7mm幅に切る。

生クリーム……1/2カップ

牛もも薄切り肉……100g
>>> 1cm幅に切る。

塩、こしょう……各少々
薄力粉……大さじ1

A
塩……少々
こしょう……少々
パプリカパウダー……少々
ローリエ……少々
おろしにんにく……少々

作り方

1 レンジ対応の保存容器に牛肉を入れて塩こしょうし、薄力粉をふり入れて全体にまぶす。

2 玉ねぎ、A、生クリームを加えてよく混ぜる。

3 フタを斜めにのせて電子レンジで3分加熱する。よく混ぜてフタをして2分おく。

2/100

青椒肉絲

油も使わず、栄養バランスもバッチリ!

ピーマン……2コ
>>> 5mm幅の細切りにする。

牛もも厚切り肉(5mm厚さ)……100g
>>> 5mm幅の細切りにする。
しょうゆ……小さじ1/2
酒……小さじ1/2
片栗粉……大さじ1

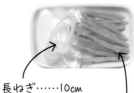

長ねぎ……10cm
>>> 斜め薄切りにする。

にんじん……少々
>>> せん切りにする。

オイスターソース……大さじ1/2
しょうゆ……小さじ1/2
A ごま油……小さじ1/2
こしょう……少々
おろしにんにく……少々

肉のおかず

3/100

作り方

① レンジ対応の保存容器に牛肉を入れ、しょうゆ、
　酒をからめ、片栗粉をまぶす。

② ①にピーマン、Ⓐを加えてよく混ぜる。

③ フタを斜めにのせて電子レンジで3分加熱する。

④ 長ねぎ、にんじんを入れてよく混ぜる。

牛肉とねぎの塩炒め

シンプルな塩味は、飽きないおいしさ

長ねぎ……1本
>>> 斜め薄切りにする。

サラダ油……小さじ1

牛もも薄切り肉……100g
>>> ひと口大に切る。
塩……少々

作り方

1 レンジ対応の保存容器に牛肉を入れ、塩をふり入れて混ぜる。長ねぎ、サラダ油を加え、よく混ぜる。

2 フタをせずに、電子レンジで2分30秒加熱する。

4/100

牛肉とトマトのオイスターソース炒め

コクがあるのにさっぱり味、ごはんがすすみます

トマト……中1コ(150g)
>>> ひと口大に切る。

片栗粉……大さじ1/2

牛もも薄切り肉……100g
>>> ひと口大に切る。

A | オイスターソース……大さじ1/2
  | しょうゆ……小さじ1/2
  | こしょう……少々

作り方

1. レンジ対応の保存容器に牛肉を入れ、Aを加えてよく混ぜる。

2. トマトを加え、片栗粉をふり入れてよく混ぜる。

3. フタを斜めにのせて、電子レンジで2分30秒加熱する。

5/100

焼豚

手間も時間もかかる焼豚が、驚きの手軽さで

豚肩ロース肉……150g

Ⓐ
- しょうゆ……大さじ1
- 砂糖……大さじ1/2
- 甜麺醬……小さじ1
- こしょう……少々
- ごま油……小さじ1/2
- 長ねぎ(斜め薄切り)……3cm
- しょうが(薄切り)……3枚

肉のおかず

作り方

1 レンジ対応の保存容器にⒶを合わせる。

2 ❶に豚肉を入れ、フォークで全体を刺し、調味料をよくからめて10分おく。

3 フタを斜めにのせて、電子レンジで3分加熱する。豚肉を裏返し、フタをして2分おく。

4 切り分けて盛りつける。

6/100

豚の小角煮

小さめの角煮なら、短時間でこのやわらかさ

豚ばらかたまり肉……200g
>>> 2.5cm角に切る。

Ⓐ
みそ……大さじ1
砂糖……大さじ1
みりん……大さじ1
しょうゆ……小さじ1

作り方

① レンジ対応の保存容器にⒶを合わせ、豚肉を入れてよく混ぜる。

② フタを斜めにのせて、電子レンジで5分加熱する。
フタをして2分おく。

③ 盛りつけて、好みで辛子を添える。

肉のおかず

7/100

豚ばらタンドリー

インパクト大の味は、ごはんにも、ビールにも

豚ばらかたまり肉……200 g
>>> 1cm厚さに切る。

塩……少々
こしょう……少々
カレー粉……大さじ1
Ⓐ おろしにんにく……少々
しょうゆ……大さじ1/2
トマトピューレ……大さじ1
プレーンヨーグルト……大さじ3

作り方

1 レンジ対応の保存容器に豚肉を入れ、
　Ⓐを順番に混ぜながら加える。

2 フタを斜めにのせて、電子レンジで5分加熱する。
　フタをして3分おく。

8
100

豚スペアリブの中華蒸し

みんなが喜ぶ、ボリューム満点のごちそう

豚スペアリブ……200g

Ⓐ
塩……少々
豆板醤……小さじ1/2
砂糖……小さじ1/2
粉山椒……小さじ1/4
しょうゆ……少々
ごま油……小さじ1/4

作り方

① レンジ対応の保存容器に豚スペアリブを入れ、
Ⓐを順番に加えてよくもみ込む。

② フタを斜めにのせて、電子レンジで5分加熱する。
フタをして3分おく。

③ 盛りつけて、好みで万能ねぎを添える。

肉のおかず

9/100

豚れんこんみそ炒め

豚肉とみそが好相性、食感もシャキシャキ楽しいお惣菜

豚ばら薄切り肉……100g
>>> ひと口大に切る。

れんこん……1/2節(100g)
>>> 皮をむき、5mm厚さの半月切りにする。

Ⓐ
| みそ……大さじ1
| 砂糖……大さじ1/2
| 酒……小さじ1

作り方

1. レンジ対応の保存容器にⒶを合わせ、豚肉を入れてよく混ぜる。れんこんを加えて軽く混ぜる。

2. フタを斜めにのせて、電子レンジで3分加熱する。

3. 盛りつけて、好みで一味唐辛子をふる。

照り焼きチキン

照りよくジューシーな仕上がりに大満足です

鶏もも肉……1枚（250g）

Ⓐ
甜麺醤……小さじ1
しょうゆ……大さじ1
ごま油……小さじ1/2
砂糖……小さじ1

作り方

1 レンジ対応の保存容器に鶏肉を入れ、全体をフォークで刺す。

2 Ⓐを順番に加えてよく混ぜ、皮を上にする。

3 フタを斜めにのせて、電子レンジで5分加熱する。フタをして3分おく。

肉のおかず

11/100

手羽先のにんにくナンプラー蒸し

アジアの香りが、クセになるおいしさ

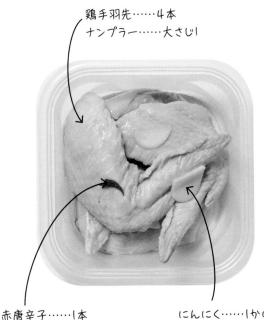

鶏手羽先……4本
ナンプラー……大さじ1

赤唐辛子……1本
>>> ちぎる。

にんにく……1かけ
>>> 薄切りにする。

肉のおかず

作り方

1. レンジ対応の保存容器に鶏手羽先を入れてナンプラーをからめ、にんにく、赤唐辛子を入れる。

2. フタを斜めにのせて、電子レンジで5分加熱する。フタをして2分おく。

3. 盛りつけて、あれば香菜をちらす。

12/100

手羽元フライドチキン

揚げてないのに、納得の"フライド"チキン

鶏手羽元……4本

薄力粉……大さじ1
サラダ油……小さじ1

A
塩……少々
こしょう……少々
おろしにんにく……少々
トマトケチャップ……大さじ1/2
ウスターソース……小さじ1
しょうゆ……小さじ1/2
はちみつ……小さじ1

肉のおかず

作り方

1 レンジ対応の保存容器に鶏手羽元を入れ、
Aを順番に加えてよくもみ込み、10分おく。

2 薄力粉をまぶしてサラダ油をかけ、
手羽元が重ならないように並べる。

3 フタをせずに、電子レンジで5分加熱する。

13/100

タッカルビ風

韓国の家庭料理も、今日から「おハコ」

にんじん……1/5本(30g)
>>> 細切りにする。

鶏もも肉……100g
>>> ひと口大のそぎ切りにする。

玉ねぎ……1/4コ(50g)
>>> 細切りにする。

さやいんげん……3本(30g)
>>> 縦半分に切って、3cm長さに切る。

Ⓐ
コチュジャン……大さじ1
砂糖……小さじ1
しょうゆ……小さじ1
こしょう……少々
しょうが汁……小さじ1
おろしにんにく……少々
長ねぎ(みじん切り)……5cm
ごま油……小さじ1/2

肉のおかず

038

14/100

作り方

① レンジ対応の保存容器に鶏肉、Aを入れてよく混ぜる。
  にんじん、玉ねぎを加え、軽く混ぜる。

② フタを斜めにのせて、電子レンジで2分30秒加熱し、
  さやいんげんを加えて混ぜる。

ミートローフ

おもてなしにも、おべんとうにも活躍しそう

豚ひき肉……150 g

うずらのゆで卵……3コ

スタッフドオリーブ……3コ

玉ねぎ……1/4コ(50 g)
>>> みじん切りにする。

パン粉……大さじ2

A ┃ 塩……少々
┃ こしょう……少々
┃ ナツメグ……少々

作り方

1 レンジ対応の保存容器に玉ねぎ、パン粉を入れて混ぜる。
豚ひき肉、Aを加えてよく混ぜる。

2 表面を平らにし、うずらの卵、オリーブを埋め込む。

3 フタを斜めにのせて、電子レンジで4分加熱する。
フタをして3分おく。

4 切り分けて盛りつけ、好みで粒マスタードを添える。

15/100

あると便利な「ごはんのとも」もおハコで！

豚みそ
肉がごろごろ甘辛味で、食べごたえアリ

豚肉(とんかつ用)……1枚(100g)
>>> 1cm角に切る。

Ⓐ
みそ……大さじ3
砂糖……大さじ3
みりん……小さじ1

作り方

1. レンジ対応の保存容器にⒶを合わせ、豚肉を入れて混ぜる。

2. フタをずらしてのせて、電子レンジで3分加熱する。
   フタをして1分おく。

16/100

魚のおかず

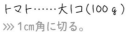

かじきまぐろのトマト蒸し

イタリアンなひと皿も、レンジでたった2分！

トマト……大1コ（100g）
>>> 1cm角に切る。

かじきまぐろ
……小3切れ（150g）

塩、こしょう……各少々
白ワイン……小さじ1

アンチョビ……2切れ
>>> 粗く刻む。

パセリのみじん切り……適量

魚のおかず

作り方

① レンジ対応の保存容器にかじきまぐろを入れ、トマト、
アンチョビをのせる。塩こしょうして、白ワインをふる。

② フタを斜めにのせて、電子レンジで2分加熱する。
フタをして2分おく。

③ 盛りつけて、パセリをちらす。

17/100

さけのムニエル

少量のバターで作れるヘルシーなムニエル

バター……4g
>>> 5mm角に切る。

生さけ……1切れ(100g)
>>> レンジ対応の保存容器に入る大きさに切る。
塩、こしょう……各少々
薄力粉……少々

タルタルソース……適量
レモン……適量

作り方

① さけに塩こしょうして薄力粉をはたき、
レンジ対応の保存容器に入れてバターをちらす。

② フタをせずに、電子レンジで1分加熱する。
フタをして2分おく。

③ タルタルソース、レモンを添える。

魚のおかず

18/100

たいのカレーマヨ炒め

淡泊なたいを、ごはんによく合う味つけで

玉ねぎ……1/4コ（50g）
>>> 5mm幅に切る。

たい（刺身用）……150g
>>> ひと口大に切る。

魚のおかず

片栗粉……小さじ1

マヨネーズ……大さじ2
カレー粉……小さじ1/4

塩……少々
こしょう……少々
Ⓐ カレー粉……小さじ1/4
おろしにんにく……少々
ごま油……小さじ1/2

作り方

❶ レンジ対応の保存容器にたいを入れ、Ⓐを加えてよく混ぜる。
さらに片栗粉を加えて混ぜ、最後に玉ねぎを加える。

❷ フタをせずに、電子レンジで2分加熱し、マヨネーズ、
カレー粉を加えて混ぜる。

えびチリ

中華の人気料理が、この手軽さで作れるなんて

片栗粉……小さじ1

えび……10尾(150ｇ)
≫≫ 背わたと足を取り除き、背に切り込みを入れる。
酒……小さじ1
しょうゆ……小さじ1

A
長ねぎ(みじん切り)……5cm
しょうが(みじん切り)……1かけ
にんにく(みじん切り)……1/2かけ

B
しょうゆ……大さじ1/2
甜麺醤……小さじ1
ケチャップ……大さじ1
オイスターソース……小さじ1
豆板醤……小さじ1/4

20/100

作り方

① レンジ対応の保存容器にえびを入れ、酒、しょうゆを
ふってもみ込む。

② ①に片栗粉、Ⓐ、Ⓑの順に加えて混ぜる。

③ フタをせずに、電子レンジで2分加熱する。
フタをして3分おく。

かれいの煮つけ

難しい魚の煮つけも、これなら失敗ナシ

長ねぎ……1/2本
>>> 3cm長さのぶつ切りにする。

しょうが(薄切り)……3枚

かれい……1切れ(150g)
>>> 半分に切り、塩少々をふる。

酒……大さじ1
しょうゆ……大さじ1
みりん……大さじ1/2
砂糖……小さじ1

Ⓐ

作り方

1 レンジ対応の保存容器にⒶを合わせ、かれいを入れてからめる。しょうが、長ねぎを加える。

2 フタを斜めにのせて、電子レンジで2分30秒加熱する。フタをして3分おく。

21/100

ぶり大根

味がしみた大根にビックリするはず

ぶり……2切れ（150g）
>>> ひと口大に切る。

大根……2cm（150g）
>>> 1cm厚さの半月切りにする。

Ⓐ
酒……大さじ1
しょうゆ……大さじ1
みりん……大さじ1
しょうが（薄切り）……3枚

作り方

❶ レンジ対応の保存容器にⒶを合わせ、ぶりを入れてからめる。
さらに大根を加えて混ぜ合わせる。

❷ フタを斜めにのせて、電子レンジで4分加熱する。
フタをして3分おく。

魚のおかず

22/100

さわらの西京焼き

漬け込まずに、調味料をからめるだけでOK

さわら……小2切れ（150g）

Ⓐ みそ……大さじ1
みりん……大さじ1/2

作り方

① レンジ対応の保存容器にⒶを合わせる。

② さわらを入れてよくからめる。

③ フタをせずに、電子レンジで2分加熱する。

23/100

たちうおの薬味蒸し

たっぷりの薬味が、食欲をそそります

たちうお……2切れ(150g)
>>> 5mm間隔に切り込みを入れる。

長ねぎ……10cm
>>> みじん切りにする。
しょうが……1かけ
>>> みじん切りにする。
にんにく……1/2かけ
>>> みじん切りにする。
にら……1/5束(20g)
>>> 5mm幅に切る。

ごま油……小さじ1
Ⓐ オイスターソース……小さじ2
しょうゆ……小さじ1

作り方

① レンジ対応の保存容器に長ねぎ、しょうが、にんにく、
にらを入れて混ぜる。

② たちうおを入れてよく混ぜ合わせ、
Ⓐを順番に加えて混ぜる。

③ フタを斜めにのせて、電子レンジで2分加熱する。
フタをして3分おく。

さばのおろし蒸し

塩焼きやみそ煮に飽きたら「さっぱり蒸し」で

大根……2cm（200g）
≫ すりおろして汁気をきる。

さば……2切れ
≫ 皮に切り込みを入れる。

塩……少々
酒……大さじ1

しょうが……1かけ
≫ みじん切りにする。

万能ねぎ（小口切り）……少々

作り方

1. レンジ対応の保存容器にさばを入れ、塩、酒をふる。
2. 大根おろしとしょうがを混ぜて、さばの上にのせる。
3. フタを斜めにのせて、電子レンジで2分30秒加熱する。フタをして3分おく。
4. 盛りつけて万能ねぎをちらす。

25/100

ねぎま

気の利いた小鉢に、酒の肴に

長ねぎ……1/2本（50g）
>>> 斜め切りにする。

まぐろの赤身……100g
>>> そぎ切りにする。

Ⓐ
| しょうゆ……大さじ1
| 砂糖……小さじ1
| 酒……大さじ1/2

作り方

① レンジ対応の保存容器にまぐろ、長ねぎ、
Ⓐを入れてよく混ぜる。

② フタを斜めにのせて、電子レンジで1分30秒加熱する。
フタをして2分おく。

26/100

たらのキムチ煮

ピリ辛のキムチ煮は、魚が苦手な人にもおすすめ

白菜キムチ……100g

ごま油……小さじ1

生たら……2切れ(150g)
>>> ひと口大に切る。

にら……少々
>>> 2cm幅に切る。

作り方

① レンジ対応の保存容器にたら、キムチ、ごま油を入れて混ぜ合わせる。

② フタを斜めにのせて、電子レンジで2分加熱する。フタをして3分おく。にらを加えて混ぜる。

27/100

あさりの黒酢蒸し

あさりのうまみと、黒酢の風味がたまりません

にんにく……少々
>>> 薄切りにする。

黒酢……大さじ1

あさり……200 g
>>> 砂出しして洗う。

赤唐辛子……少々
>>> 輪切りにする。

作り方

1 レンジ対応の保存容器にあさり、にんにく、赤唐辛子、黒酢を入れる。

2 フタを斜めにのせて、電子レンジで2分30秒加熱する。フタをして3分おく。

28/100

あると便利な
『ごはんのとも』
もおハコで!

昆布とツナのいり煮
ミネラルたっぷり、しょうがの風味がたまりません

細切り昆布(生)……50g
≫≫ 食べやすいように、ざっと刻む。
ツナ(缶詰)……小1/2缶
≫≫ 汁気をきる。
しょうが……1かけ
≫≫ せん切りにする。

Ⓐ
酒……小さじ1
砂糖……小さじ1/2
しょうゆ……小さじ1

作り方

① レンジ対応の保存容器に細切り昆布、ツナ、しょうが、Ⓐを入れて混ぜ合わせる。

② フタをずらしてのせて、電子レンジで2分加熱する。

29/100

野菜のおかず

肉じゃが

じゃがいもはチンしてから割るのが"味しみ"のコツ

玉ねぎ……1/4コ（50g）
>>> 5mm幅の細切りにする。

牛こま切れ肉……50g

じゃがいも……1コ（120g）

A | 酒……大さじ1
しょうゆ……小さじ2
砂糖……大さじ1/2

作り方

1. レンジ対応の保存容器に玉ねぎ、牛肉、Aを入れてよく混ぜ、じゃがいもを皮をむかずに丸ごと入れる。

2. フタを斜めにのせて、電子レンジで6分加熱する。フタをして4分おく。

3. じゃがいもをフォークでひと口大に割り、全体を混ぜる。

30/100

れんこん……1/2節（100g）
>>> 皮はむかずに、1.5cm厚さの輪切りにする。

れんこんのねぎみそ蒸し

シャキシャキの食感と、ねぎみその旨辛がやみつき！

野菜のおかず

長ねぎ……5cm
>>> みじん切りにする。
みそ……大さじ1
砂糖……大さじ1/2

作り方

① 長ねぎ、みそ、砂糖を混ぜ合わせ、れんこんの表面に塗る。

② ①をレンジ対応の保存容器に入れ、フタを斜めにのせて、電子レンジで3分加熱する。フタをして3分おく。

③ 盛りつけて、好みで万能ねぎを添える。

31/100

かぼちゃのしょうゆ煮

からだにうれしい野菜の副菜は、簡単手間なしで

かぼちゃ……1/8コ（200g）
>>> ひと口大に切る。

砂糖……大さじ1/2
しょうゆ……大さじ1

作り方

1 レンジ対応の保存容器にかぼちゃ、砂糖、しょうゆを入れて
混ぜ合わせる。

2 フタを斜めにのせて、電子レンジで4分加熱する。
フタをして3分おく。

32/100

小松菜と油揚げの煮びたし

青菜を変えれば、バリエーションは無限大

小松菜……1/3束（80g）
>>> 3cm長さに切る。

油揚げ……1/2枚
>>> 細切りにし、熱湯をかけて油抜きする。

だし汁……1/4カップ
Ⓐ みりん……小さじ1
しょうゆ……小さじ2

作り方

❶ レンジ対応の保存容器に小松菜、油揚げ、Ⓐを入れる。

❷ フタを斜めにのせて、電子レンジで2分加熱する。
フタをして3分おく。

野菜のおかず

33/100

大根とベーコンの重ね蒸し

ベーコンのうまみが大根にしみしみです

ベーコン……3枚
>>> 4cm幅に切る。

大根……2cm(150 g)
>>> 薄い輪切りにする。

酒……大さじ1

塩、こしょう……各少々

作り方

① レンジ対応の保存容器に大根、ベーコンを重ねて入れ、酒をふる。

② フタを斜めにのせて、電子レンジで2分加熱する。フタをして3分おき、塩こしょうする。

34/100

ズッキーニのチーズ蒸し

パンのおかずに、ワインのおともに

玉ねぎ……1/4コ(50g)
≫≫ みじん切りにする。

トマト……小1コ(100g)
≫≫ 輪切りにする。

ピザ用チーズ……50g

ズッキーニ……1/2本(100g)
≫≫ 縦に7mm厚さに切る。

塩、こしょう……各少々

野菜のおかず

作り方

1 レンジ対応の保存容器にズッキーニを入れて塩こしょうする。
トマト、玉ねぎをのせ、ピザ用チーズをちらす。

2 フタを斜めにのせて、電子レンジで2分加熱する。

35/100

ラタトウイユ

パスタや肉や魚のソースにも使えて便利です

なす……1本(80ｇ)
>>> 1.5cm角に切る。

セロリ……4.5cm(20ｇ)
>>> 1.5cm角に切る。

玉ねぎ……1/4コ(50ｇ)
>>> 1.5cm角に切る。

トマト……中1コ(150ｇ)
>>> 1.5cm角に切る。

野菜のおかず

A
トマトペースト……大さじ1
にんにく(みじん切り)……少々
オリーブ油……大さじ1
ローリエ……1/2 枚
タイム……少々
オレガノ……少々
塩……少々
こしょう……少々

36/100

作り方

1 レンジ対応の保存容器にすべての野菜と🅐を入れて
混ぜ合わせる。

2 フタを斜めにのせて、電子レンジで6分加熱する。
フタをして3分おく。

いんげんのトマト煮

いつもは脇役のいんげんを、もりもり主役で

トマト……大1/2コ(100g)
>>> 粗く刻む。

さやいんげん……14本(80g)
塩、こしょう……各少々

玉ねぎ……1/4コ(50g)
>>> みじん切りにする。

野菜のおかず

作り方

1 レンジ対応の保存容器にさやいんげんを入れて塩こしょうし、玉ねぎ、トマトをのせる。

2 フタを斜めにのせて、電子レンジで3分加熱する。

37/100

ポテトサラダ

ねっとりポテトにシャキリ野菜がおいしい

じゃがいも……1コ(120g)

ソーセージ……2本(50g)
≫≫ 1cm幅に切る。

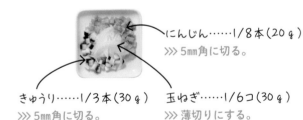

にんじん……1/8本(20g)
≫≫ 5mm角に切る。

きゅうり……1/3本(30g)
≫≫ 5mm角に切る。

玉ねぎ……1/6コ(30g)
≫≫ 薄切りにする。

Ⓐ
塩……少々
こしょう……少々
マヨネーズ……大さじ3

38/100

086

作り方

1 レンジ対応の保存容器にじゃがいも、ソーセージを入れ、
フタを斜めにのせて、電子レンジで4分加熱する。
フタをして3分おく。

2 じゃがいもをフォークでひと口大に割り、玉ねぎ、
にんじん、きゅうりを加え、Ⓐで和える。

にんじんサラダ

ヨーグルトドレッシングがさわやか

にんじん……2/3本（100g）
>>> せん切りにする。
オリーブ油……大さじ1

塩……少々
こしょう……少々
Ⓐ ヨーグルト……1/2カップ
砂糖……少々
レモン汁……小さじ1

作り方

❶ レンジ対応の保存容器ににんじんを入れ、オリーブ油を混ぜる。

❷ フタを斜めにのせて、電子レンジで2分加熱する。
フタをして3分おく。

❸ Ⓐを順番に加えてよく混ぜ、あればタイムを飾る。

39/100

しめじとアスパラガスのナムル

ちょっとインパクトのある副菜がほしいときに

しめじ……1パック
>>> 石づきを取ってほぐす。

アスパラガス……4本(100g)
>>> 3cm長さの斜め切りにする。

A
ごま油……小さじ1/2
おろしにんにく……少々
塩……少々
こしょう……少々
砂糖……小さじ1/4
一味唐辛子……少々
いりごま(白)……大さじ1

作り方

1 レンジ対応の保存容器にしめじ、アスパラガスを入れ、フタを斜めにのせて、電子レンジで1分30秒加熱する。

2 Aを順番に加えて和える。

40/100

チャプチェ

副菜にも、主菜にもなる人気の韓国おかず

春雨……40g

湯……1/2カップ

牛もも薄切り肉……50g
>>> 細切りにする。

にんじん……1/5本(30g)
>>> せん切りにする。

ピーマン……1/2コ(20g)
>>> せん切りにする。

きゅうり……1/3本(30g)
>>> せん切りにする。

塩……少々
いりごま(白)……少々

Ⓐ
しょうゆ……小さじ2
砂糖……小さじ1
こしょう……少々
ごま油……小さじ1

41/100

作り方

① レンジ対応の保存容器に牛肉、にんじん、Ⓐを入れて
よく混ぜ合わせる。湯を注いで春雨を入れ、全体を混ぜる。

② フタを斜めにのせて、電子レンジで3分加熱する。
ピーマン、きゅうりを加えて混ぜ、塩で味をととのえてごまを
ふる。

味もボリュームも、食べごたえのある野菜料理

カリフラワーと豚ひき肉のピリ辛炒め

豚ひき肉……50g

カリフラワー……1/3株（150g）
>>> 小房に分ける。

長ねぎ……10cm
>>> 縦4つ割りにし、5mm幅に切る。

A ┃ しょうゆ……大さじ1/2
┃ 砂糖……小さじ1
┃ 豆板醤……小さじ1/4
┃ にんにく（みじん切り）……少々
┃ しょうが（みじん切り）……少々
┃ ごま油……小さじ1/2

野菜のおかず

42/100

作り方

1 レンジ対応の保存容器に豚ひき肉、Ⓐを加えてよく混ぜたら、カリフラワーを入れて混ぜ合わせる。

2 フタを斜めにのせて、電子レンジで2分30秒加熱する。長ねぎを加え、フタをして1分おく。

ブロッコリーのかにあんかけ

この作り方なら、あんがダマになりません

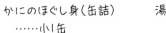

かにのほぐし身（缶詰）
……小1缶

湯……1/4カップ

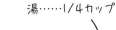

ブロッコリー……1/2株（150g）
≫≫ 小房に分ける。
片栗粉……小さじ2

Ⓐ
塩……少々
砂糖……少々
こしょう……少々
しょうが（せん切り）……少々

作り方

① レンジ対応の保存容器にブロッコリーを入れて片栗粉をまぶす。

② かにのほぐし身を缶の汁ごと加えて混ぜ、湯、
Ⓐを加えてよく混ぜる。

③ フタを斜めにのせて電子レンジで2分加熱し、
すぐに全体をよく混ぜる。

43/100

きゅうりの甘酢漬け

すぐに漬かるから、食べたい時が作り時

きゅうり……1本
>>> 4cm長さに切り、縦4つ割りにする。

Ⓐ
酢……大さじ3
砂糖……大さじ1
塩……小さじ1/2
みりん……大さじ1
水……大さじ2
赤唐辛子(輪切り)……少々

野菜のおかず

作り方

① レンジ対応の保存容器にⒶを合わせ、きゅうりを入れる。

② フタを斜めにのせて、電子レンジで1分加熱する。

44/100

長ねぎとしらすの梅和え
1本まるごと使う、ねぎが主役のごはんのとも

長ねぎ……1本
≫≫ 薄い小口切りにする。
しらす……大さじ3（25ℊ）

Ⓐ 酒……小さじ1
　 砂糖……少々

梅肉……小さじ2
ごま油……少々

作り方

1 レンジ対応の保存容器に長ねぎ、しらす、Ⓐを入れて混ぜる。

2 フタをずらしてのせて、電子レンジで1分加熱する。

3 梅肉、ごま油を混ぜる。

45/100

豆腐 のおかず

麻婆豆腐

この手軽さで、ピリ辛の中にうまみアリ

木綿豆腐……小1丁（200g）

片栗粉……小さじ2

豚ひき肉……50g

長ねぎ……10cm
>>> 粗いみじん切りにする。

A
| にんにく（みじん切り）……少々
| 豆板醤……小さじ1/2
| 甜麺醤……大さじ1
| しょうゆ……小さじ1
| オイスターソース……小さじ1
| ごま油……小さじ1

46/100

作り方

① レンジ対応の保存容器に豚ひき肉、Ⓐを入れてよく混ぜる。

② ①に豆腐を入れて片栗粉をふる。豆腐をひと口大に割り、全体を混ぜる。

③ フタを斜めにのせて、電子レンジで3分加熱する。長ねぎを加えて混ぜる。

肉豆腐

日本人なら、だれもがほっとする味わい

長ねぎ……1/2本
>>> 斜め切りにする。

牛こま切れ肉……100 g

木綿豆腐
……小1丁（200 g）
>>> ひと口大に切る。

A | 酒……大さじ1
　 | しょうゆ……大さじ1
　 | 砂糖……大さじ1/2

作り方

① レンジ対応の保存容器に牛肉、Aを入れてよく混ぜる。
豆腐を加えて混ぜ合わせ、長ねぎをのせる。

② フタを斜めにのせて、電子レンジで5分加熱する。

47/100

蒸し豆腐

見た目を裏切る簡単調理、しかも意外にしっかり味

にら……1/3束（30 g ）
>>> 5mm幅に切る。

片栗粉……大さじ1/2

ツナ（缶詰）……小1/2缶
>>> 汁気をきる。

木綿豆腐……小1/2丁（200 g ）
>>> 手でぎゅっと握りつぶし、水気をしぼる。

| ごま油……小さじ1
A | オイスターソース……小さじ1
| しょうゆ……小さじ1

作り方

1 レンジ対応の保存容器に豆腐、ツナ、にら、片栗粉を入れて
よく混ぜ、表面を平らにする。

2 フタを斜めにのせて、電子レンジで3分加熱する。
フタをして3分おく。

3 切り分けて盛りつけ、Aを合わせたたれをかける。

豆腐のおかず

48/100

豆腐のオイスターソース煮

オイスターソースのコクが、ごはんによく合う

長ねぎ……1/2本
>>> 斜め薄切りにする。

えのきだけ……1/2袋
>>> 根元を切り落とし、
長さを半分に切ってほぐす。

木綿豆腐……小1丁（200g）
>>> 1cm厚さに切る。

Ⓐ
オイスターソース……大さじ1
しょうゆ……小さじ1
ごま油……小さじ1
こしょう……少々

作り方

① レンジ対応の保存容器にⒶを合わせ、豆腐を入れて全体に
からめる。えのきだけ、長ねぎをのせる。

② フタを斜めにのせて、電子レンジで3分加熱する。

49/100

108

厚揚げの中華風みそ炒め

さまざまな食感が楽しいおかずです

にんじん……1/5本(30g)
>>> 1cm角に切る。

焼豚……50g
>>> 1cm角に切る。

ゆでたけのこ……1/3本(50g)
>>> 1cm角に切る。

厚揚げ……1/2丁(120g)
>>> 熱湯をかけて油抜きし、
1cm角に切る。

さやいんげん……2本(20g)
>>> 1cm幅に切る。

A
甜麺醤……大さじ1
しょうゆ……小さじ1
こしょう……少々
おろしにんにく……少々
豆板醤……少々
ごま油……小さじ1

豆腐のおかず

50/100

110

作り方

1 レンジ対応の保存容器に A を合わせ、厚揚げ、焼豚、
たけのこ、にんじん、さやいんげんを入れてよく混ぜる。

2 フタをせずに、電子レンジで2分加熱する。

油揚げの精進炒め

優しい味つけで、じんわり癒されます

きぬさや……10枚（30g）
>>> 細切りにする。

しいたけ……2枚
>>> 薄切りにする。

にんじん……1/5本（30g）
>>> 細切りにする。

油揚げ……1枚
>>> 細切りにし、熱湯をかけて油抜きする。

いりごま（白）……少々

A
ごま油……小さじ1
塩……少々
砂糖……小さじ1/3

作り方

1 レンジ対応の保存容器に油揚げ、にんじん、しいたけ、きぬさや、Ⓐを入れて混ぜ合わせる。

2 フタをせずに、電子レンジで2分加熱する。ごまをふってよく混ぜる。

あると便利な
「ごはんのとも」
もおハコで!

エスニック鶏そぼろ
ピリ辛なしっかり味で、見た目を裏切ります

鶏ひき肉……80g

Ⓐ ⎰ ナンプラー……大さじ1
　　砂糖……小さじ1
　　にんにく(みじん切り)
　　　……小さじ1
　　刻み唐辛子……少々
　　レモングラス……少々

作り方

① レンジ対応の保存容器に鶏ひき肉、Ⓐを入れてよく混ぜる。

② フタをずらしてのせて、電子レンジで1分30秒加熱する。
フタをして1分おき、よく混ぜる。

52/100

箸休め

オクラのカレー煮

ねばねばスパイシーな新感覚の煮物です

箸休め

オクラ……8本(80g)
>>> 3cm長さに切る。

トマト……1/4(50g)
>>> 1cm角に切る。

Ⓐ
| ウスターソース……小さじ1
| カレー粉……少々
| 塩……少々
| こしょう……少々

作り方

① レンジ対応の保存容器にオクラ、トマト、Ⓐを入れて混ぜ合わせる。

② フタをずらしてのせて、電子レンジで1分30秒加熱する。

53/100

青春新書
TELLIGENCE
こころ涌き立つ「知」の冒険

青春新書 インテリジェンス

寝たきりを防ぐ「栄養整形医学」 骨と筋肉が若返る食べ方	やってはいけない「長男」の相続	ボケない人の最強の食事術	「腸の老化」を止める食事術	粗食のチカラ 病気知らずの体をつくる	塾は何を教えているのか 公立中高一貫校に合格させる	速効!漢方力 抗がん剤の辛さが消える	頭痛は「首」から治しなさい
相続でモメる家族、モメない家族の違いとは? 40年ぶりに改正される新相続法にも対応。	物忘れ、軽度認知障害がみるみる改善! 最新医学の"ボケない"食べ方とは	いま話題の「酪酸」の効果も紹介! 今日からできる「腸」健康法の決定版!	時間も手間もかからなくていい! 15分で作れる「体にいい」「食べ方新常識」	もうひとつの中学受験 —では対策しにくい「適性検査」に合格する勉強法とは?	体の治す力を引き出し、がんと闘える体をつくる「サイエンス漢方」とは	薬なしで頭痛を治すカギは「血流」にあった! 頭痛にならない新習慣
大友通明	税理士法人レガシィ	今野裕之	松生恒夫	幕内秀夫	おおたとしまさ	井齋偉矢	青山尚樹
950円	830円	950円	920円	950円	790円	880円	930円

脳から腸を整える最新栄養医学 発達障害は食事でよくなる	【最新版】「うつ」は食べ物が「原因」だった!	「血糖値スパイク」が心の不調を引き起こす	図解「儲け」の仕組み	子どもを幸せにする遺言書	「下半身の冷え」が老化の原因だった	薬は減らせる!	「日本人の体質」研究でわかった 長寿の習慣
「日本人の食事」から脳を整える。発達障害の症状に合わせた食べ物・食べ方	なぜ、薬を飲んでもよくならないのか?「うつ」改善のヒントは食べ物にある!	最新栄養医学でわかった、自律神経と食べ物の関係とは?	Airbnb、メルカリ、コマツ…新しい利益のツボがひと目でわかる	想いがきちんと伝わる書き方にはコツがある	脳・体・足腰を元気に保つための食べ方&生活習慣とは!	いつもの薬が病気・老化を進行させていた 「薬を使わない薬剤師」が教える、自分の「治る力」を引き出すヒント。	20万人の健診結果と最新医学データで浮かび上がった長寿の人の共通点
溝口徹	溝口徹	溝口徹	株式会社タンクフル	倉敷昭久	石原結實	宇多川久美子	奥田昌子
960円	950円	850円	1000円	920円	920円	960円	980円

〈新書の図説は本文2色刷・カラー口絵付〉

こころを支える「教え」の真髄

[新書]
図説
あらすじと絵で読み解く「あの世」の世界・仏教の死生観とは?
地獄と極楽
速水 侑 [監修]
1181円

[新書]
図説
日本の仏
釈迦如来・阿弥陀如来、不動明王…なるほど、これなら違いがわかる!
生き方を洗いなおす!
速水 侑 [監修]
980円

[新書]
図説
あらすじでわかる!
古事記と日本の神々
日本神話に描かれた知られざる神々の実像とは
吉田敦彦 [監修]
1133円

[新書]
図説
あらすじでわかる!
今昔物語集と日本の神と仏
羅城門の鬼、空海の法力…日本人の祈りの原点にふれる1059の物語
小峯和明 [監修]
1133円

[新書]
図説
あらすじでわかる!
真言密教がわかる!
空海と高野山
なるほど、こんな世界があったのか。空海が求めた救いと信仰の本質にふれる。
中村本然 [監修]
1114円

[新書]
図説
あらすじでわかる!
法然と極楽浄土
地獄とは何か、極楽とは何か。法然の生涯と教えの中に浄土への道しるべがあった。
林田康順 [監修]
1133円

[新書]
図説
あらすじでわかる!
親鸞の教え
なぜ、念仏を称えるだけで救われるのか。阿弥陀如来の救いの本質に迫る!
加藤智見 [監修]
990円

[新書]
図説
日本の神々と神社
日本人なら知っておきたい、魂の源流。
三橋 修
1050円

運を開く 神社のしきたり
ご利益を頂いている人はいつも何を何をしているのか? 神様に好かれる習慣
三橋 健
890円

[B6判]
出雲の謎大全
「神々の国」で何が起きたのか。日本人が知らなかった日本古代史の真相。
古代日本の実像をひもとく
瀧音能之
1000円

[新書]
図説
伊勢神宮と出雲大社
様々な神事、信仰の原点をたどる。日本人の源流をたどる。二大神社の全貌に迫る。
瀧音能之 [監修]
1100円

[新書]
図説
あらすじでわかる!
日本の七宗と総本山・大本山
日本仏教の原点に触れる旅を、この一冊で。一度は訪ねておきたい!
永田美穂 [監修]
1210円

[新書]
図説
あらすじでわかる!
日蓮と法華経
なぜ法華経は「諸経の王」といわれるのか。混沌の世を生き抜く知恵!
永田美穂 [監修]
1133円

[B6判]
日本の神様と仏様大全
神様・仏様の全てがわかる決定版! いまさら聞けない163項!
小さな疑問から心を浄化する!
廣澤隆之 [監修]
1000円

[新書]
浄土真宗ではなぜ「清めの塩」を出さないのか
大人の教養として知っておきたい日本仏教、七大宗派のしきたり。
三橋 健
940円

[新書]
図説
山の神々と修験道
日本人は、なぜ「山」を崇めるようになったのか!
鑁田東二 [監修]
1120円

表示は本体価格

婚活のオキテ
なぜか9割の女性が知らない
成婚率80％を誇るカリスマ婚活アドバイザーの婚活戦略を初公開!
植草美幸
1320円

世界でいちばん幸せな人の小さな習慣
ちょっと生きづらい「今」の自分からすべてを解き放つ言葉や行動のヒント
リズ・山崎
1400円

「老けない身体」を一瞬で手に入れる本
何歳から始めても「広背筋」で全身がよみがえる!
中嶋輝彦
1280円

すべてを手に入れる最強の惹き寄せ「パワーハウス」の法則
あなたの願いや夢を叶える「超シンプル」な究極の方法とは!
佳川奈未
1300円

たちまち、「良縁」で結ばれる「悪縁」の切り方
幸せな「人間関係」を叶える光の法則☆
佳川奈未
1400円

やっぱり外資系がいい人の必勝転職AtoZ
元人事だからこそ知り得る"成功する"転職ノウツーを初公開!
鈴木美加子
1400円

肌にふれることは本当の自分に気づくこと
いつもの洗顔で、また見ぬ自分に出会う!
今野華都子
1380円

中学受験 男の子を伸ばす親の習慣
安浪京子
1500円

中学受験 女の子を伸ばす親の習慣
中学受験を控える女の子の学力アップに効果的な親の習慣を初公開!
安浪京子
1500円

思い通りに夫が動いてくれる妻の魔法
家事・育児・夫婦関係…夫とうまくやっていくための妻の禁断の教科書!
竹田真弓アローラ
1400円

見ているだけで視力アップ!「眼の老化」は脳で止められる
スマホで悪くなった眼はスマホで治せる! 視力回復3D動画付き!
中川和宏
1400円

「美しい手」がすべてを引き寄せる
2万人をケアしてきた美容家が教える、7日間の究極のハンドケアとは
加藤由利子
1300円

ノートのとり方一つで子どもの学力はどんどん伸びる
「浜学園」で支持率No.1だった塾講師が教える一生モノのノート術!
州崎真弘
1400円

すべての人間関係の秘密を解き明かす「マヤ暦」でわかる相性
「マヤ暦」からわかる良好な人間関係を築いていくための法則!
木田景子
1380円

5歳から始める最高の中学受験
中学受験に必要な学力の"ベース"をつくる効果的な方法を伝授!
小川大介
1500円

不登校になって本当に大切にするべき親子の習慣
菜花俊
1380円

表示は本体価格

ごぼうのソース煮

コリコリのごぼうに、ウスターソース味がベストマッチ！

ごぼう……15cm（80ｇ）
>>> たて4つ割りにして、7mm幅に切る。

ウスターソース……大さじ2
Ⓐ 砂糖……小さじ1
こしょう……少々

箸休め

作り方

1. レンジ対応の保存容器にごぼう、Ⓐを入れて混ぜ合わせる。

2. フタをずらしてのせて、電子レンジで2分加熱する。
   フタをして2分おく。

キャベツのザワークラウト風

パンはもちろん、ごはんもいける、ドイツの漬け物風料理

キャベツ……60 g
>>> 細切りにする。

ベーコン……1枚
>>> 2cm幅に切る。

A	塩……少々
	砂糖……小さじ1/2
	酢……大さじ1
	こしょう……少々
	ローリエ……少々

箸休め

作り方

① レンジ対応の保存容器にキャベツ、Aを入れて混ぜ合わせ、ベーコンを加える。

② フタをずらしてのせて、電子レンジで1分加熱する。

55/100

しいたけの切りごま一味和え

日本人の遺伝子を刺激する、しいたけのうまみを存分に

しいたけ……4枚（80g）
>>> 薄切りにする。

酒……小さじ1
しょうゆ……小さじ1
塩……少々
Ⓐ 砂糖……少々
切りごま……大さじ1
一味唐辛子……少々

作り方

1 レンジ対応の保存容器にしいたけ、Ⓐを入れて混ぜ合わせる。

2 フタをずらしてのせて、電子レンジで1分加熱し、
よく混ぜる。

56/100

122

花椒風味のラーパーツァイ

すっぱ辛い白菜に、花椒の刺激をプラス

白菜……1枚(80g)
>>> 短冊切りにする。

Ⓐ
酢……大さじ2
ごま油……小さじ1
塩……少々
砂糖……小さじ1
花椒……少々
赤唐辛子(ちぎる)……1本

作り方

1 レンジ対応の保存容器にⒶを合わせ、白菜を加える。

2 フタをずらしてのせて、電子レンジで30秒加熱する。

57 / 100

なすのナンプラー漬け

パンチのある味は、ナンプラーとにんにくが決め手

箸休め

なす……1本（80g）

≫ 皮をむき、たて半分にして、7mm幅の斜め切りにする。

ⓐ
| ナンプラー……大さじ1 |
| 水……大さじ2 |
| 砂糖……大さじ1 |
| にんにく（みじん切り）……少々 |
| 刻み唐辛子……少々 |

作り方

❶ レンジ対応の保存容器になす、ⓐを入れて混ぜ合わせる。

❷ フタをずらしてのせて、電子レンジで2分加熱する。

58／100

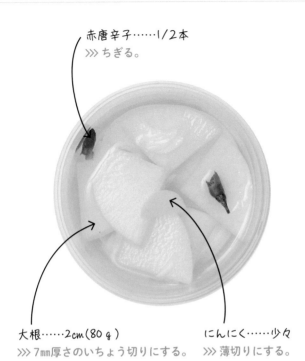

大根の水キムチ

すっぱ辛くて、あとをひくおいしさ

赤唐辛子……1/2本
>>> ちぎる。

大根……2cm(80g)
>>> 7mm厚さのいちょう切りにする。

にんにく……少々
>>> 薄切りにする。

箸休め

A
| 塩……小さじ1/2
| 砂糖……小さじ1
| 酢……大さじ1
| 水……1/3カップ

作り方

① レンジ対応の保存容器にⒶを合わせ、大根、にんにく、赤唐辛子を入れる。

② フタをずらしてのせて、電子レンジで1分30秒加熱する。

③ 電子レンジから取り出して冷ます。

59/100

豆もやしナムル

豆もやしの食感と、ごま油の風味が食欲を刺激

豆もやし……1/5袋（50g）
>>> ひげ根を取り除く。

長ねぎ……5cm
>>> みじん切りにする。

塩……少々
砂糖……少々
Ⓐ ごま油……小さじ1/2
一味唐辛子……少々

作り方

① レンジ対応の保存容器に豆もやし、Ⓐを入れて混ぜ合わせる。

② フタをずらしてのせて、電子レンジで50秒加熱する。

③ 長ねぎを混ぜる。

60/100

あると便利な
「ごはんのとも」
もおハコで!

しば漬けえのき
ごはんにのっけて、お茶漬けにしてもいいかも

えのきだけ……1袋
>>> 根元を切り取り、2cm長さに切る。
しば漬け……大さじ3
>>> みじん切りにする。

| みりん……小さじ1
Ⓐ しょうゆ……小さじ1
| 酒……小さじ1

かつお削り節……5g

作り方

❶ レンジ対応の保存容器にえのきだけ、しば漬け、Ⓐを入れて
混ぜ合わせる。

❷ フタをずらしてのせて、電子レンジで50秒加熱する。

❸ かつお削り節を混ぜ合わせる。

61/
100

レンチン
「おハコ」
レシピ

ごはんと
めんと
粉もの

牛丼

たったこれだけで、お店にも負けないおいしさ

牛こま切れ肉……100g

玉ねぎ……1/2コ(100g)
≫≫ 7 〜 8mm幅の細切りにする。

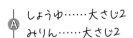
A しょうゆ……大さじ2
みりん……大さじ2

ごはん……適量
紅しょうが……少々

作り方

1. レンジ対応の保存容器に牛肉、玉ねぎを入れ、Aを加えて混ぜ合わせる。

2. フタを斜めにのせて、電子レンジで3分加熱する。

3. ごはんに2をのせ、紅しょうがを添える。

62/100

ドライカレー

火を使わないから、暑い夏にうれしいカレーレシピ

玉ねぎ……1/4コ(50g)
>>> みじん切りにする。

牛ひき肉……100g

にんにく……少々
>>> みじん切りにする。

にんじん……1/5本(30g)
>>> みじん切りにする。

ごはん……適量

ピーマン……1コ
>>> みじん切りにする。

A
塩……少々
こしょう……少々
カレー粉……大さじ1/2
ウスターソース……大さじ1/2
ケチャップ……大さじ1/2
ナツメグ……少々

ごはんとめんと粉もの

63/100

作り方

① レンジ対応の保存容器に牛ひき肉、にんにく、玉ねぎ、にんじん、Ⓐを入れてよく混ぜる。

② フタを斜めにのせて、電子レンジで3分加熱する。ピーマンを加えてよく混ぜる。

③ ごはんに添えて盛りつける。

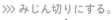

お好み焼き

まさかレンジで作れるとは…でも作れちゃうんです

紅しょうが……大さじ1（10g）
>>> みじん切りにする。

豚ばら薄切り肉
……1枚

キャベツ……1枚（75g）
>>> 粗いみじん切りにする。

薄力粉
　……1/2カップ（50g）
卵……1/2コ
水……1/4カップ

天かす……大さじ2
ソース、マヨネーズ、かつお削り節、青のり……各適量

作り方

1　レンジ対応の保存容器にキャベツ、紅しょうが、天かすを入れて混ぜる。薄力粉を加えてよく混ぜ、卵、水を加えて混ぜ合わせる。平らに広げ、豚肉をのせる。

2　フタを斜めにのせて、電子レンジで4分加熱する。フタをして容器を逆さにして3分おき、盛りつける。

3　ソース、マヨネーズ、かつお削り節、青のりをかける。

にらとあさりのチヂミ

チヂミだって、うまみたっぷり、おいしく完成

にら……8本
≫ 10cm長さに切る。

刻み唐辛子……少々

あさりの水煮（缶詰）……30g

ごま油……小さじ1/2

Ⓐ
薄力粉……1/4カップ（25g）
水……1/4カップ
卵……1/2コ
塩……少々
こしょう……少々

作り方

① レンジ対応の保存容器にⒶ、あさりを入れてよく混ぜる。
   にらを並べ入れ、唐辛子をちらし、ごま油をふり入れる。

② フタを斜めにのせて、電子レンジで2分加熱する。
   フタをして容器を逆さにして3分おく。

③ 切り分けて盛りつけ、好みでコチュジャンを添える。

65/100

みそ煮込みうどん

簡単に済ませたいお昼ごはんにおすすめ

ゆでうどん……1玉

長ねぎ……1/2本
>>> 斜め切りにする。

だし汁……1カップ
みそ……大さじ1

鶏もも肉……50g
>>> そぎ切りにする。

作り方

1 レンジ対応の保存容器にだし汁を入れてみそを溶き、うどん、鶏肉、長ねぎを入れる。

2 フタを斜めにのせて、電子レンジで5分加熱する。

3 盛りつけて、好みで七味唐辛子をかける。

66/100

ナポリうどん

懐かしいあの味をうどんで作ってみたら…

ベーコン……2枚
>>> 3cm長さに切る。

ゆでうどん……1玉

玉ねぎ……1/4コ(50g)
>>> 7〜8mm幅に切る。

A | ケチャップ……大さじ3
ウスターソース……大さじ1/2
こしょう……少々

パセリのみじん切り……少々

作り方

1 レンジ対応の保存容器にうどんを入れ、ベーコン、
玉ねぎをのせる。Aを加えてベーコンと玉ねぎを和える。

2 フタを斜めにのせて、電子レンジで3分加熱し、よく混ぜる。

3 盛りつけて、パセリをちらす。

67/100

ねぎ塩焼きそば

炒めない焼きそばは、さっぱりでおいしい

長ねぎ……1/2本
>>> 斜め薄切りにする。

中華蒸しめん……1玉

豚ばら薄切り肉……50g
>>> 2cm幅に切る。

Ⓐ 塩……少々
こしょう……少々
ごま油……小さじ1

作り方

1. レンジ対応の保存容器に蒸しめんを入れ、豚肉、長ねぎをのせ、Ⓐを加える。
2. フタを斜めにのせて、電子レンジで3分加熱し、よく混ぜる。
3. 盛りつけて、好みで粉山椒をかける。

68/100

こってりピリ辛で、食べごたえ十分

汁なし坦々めん

豚ひき肉……50g

味つきザーサイ……20g
>>> みじん切りにする。

長ねぎ……10cm
>>> みじん切りにする。

中華蒸しめん……1玉

Ⓐ
練りごま……大さじ1
甜麺醤……大さじ1
ラー油……少々
ごま油……少々

作り方

1 レンジ対応の保存容器に味つきザーサイ、長ねぎ、豚ひき肉、Ⓐを入れて混ぜ合わせ、蒸しめんを加える。

2 フタを斜めにのせて、電子レンジで3分加熱し、よく混ぜる。

3 盛りつけて、好みで香菜を添える。

ごはんとめんと粉もの

69/100

カレーピラフ

カンタン絶品ピラフは、もち米がポイント

牛ひき肉……50g

玉ねぎ……1/4コ(50g)
>>> 5mm角に切る。

にんじん……1/5本(30g)
>>> 5mm角に切る。

もち米……1/2合
>>> 研ぐ。

Ⓐ	カレー粉……小さじ1
	塩……小さじ1/4
	ナツメグ……少々
	こしょう……少々
	しょうゆ……少々
	酒……大さじ1
	水……1/2カップ

作り方

① レンジ対応の保存容器にⒶを合わせ、もち米、玉ねぎ、にんじん、牛ひき肉を入れる。

② フタを斜めにのせて、電子レンジで9分加熱する。混ぜてフタをして5分おく。

ごはんとめんと粉もの

70/100

150

鶏ごぼうおこわ

おこわは面倒…そんな常識がくつがえります

鶏もも肉……50 g
>>> 1cm角に切る。

ごぼう……1/4本(20 g)
>>> 1cm角に切る。

もち米……1/2合
>>> 研ぐ。

	しょうゆ……小さじ1
	砂糖……小さじ1/2
Ⓐ	塩……少々
	酒……大さじ1
	水……1/2カップ

作り方

① レンジ対応の保存容器にⒶを合わせてもち米を入れ、鶏肉、ごぼうをのせる。

② フタを斜めにのせて、電子レンジで9分加熱する。混ぜてフタをして5分おく。

鶏粥

食欲がないときや、お酒のシメにおすすめ

鶏ひき肉……50 g

ごはん……2/3膳（100 g）

水……1カップ

しょうがの薄切り……2枚

作り方

1. レンジ対応の保存容器にすべての材料を入れる。

2. フタを斜めにのせて、電子レンジで5分加熱する。
   フタをして5分おく。

3. 盛りつけて、好みで小口切りにした万能ねぎをちらす。

72/100

トマトリゾット

レストランのあの味が、再現できちゃいました

玉ねぎ……1/4コ(50g)
>>> みじん切りにする。

ごはん……1膳(150g)

トマトジュース……1/2カップ

ローリエ……少々
Ⓐ 塩……少々
こしょう……少々

パルメザンチーズ
……大さじ2

作り方

1 レンジ対応の保存容器にごはん、玉ねぎ、トマトジュース、Ⓐを入れてよく混ぜる。

2 フタを斜めにのせて、電子レンジで2分加熱する。よく混ぜてパルメザンチーズをふる。

73/100

ツナとねぎのチャーハン

ごはんも卵もパラパラの完璧な出来栄え

ツナ（缶詰）……小1/2缶
>>> 汁気をきる。

卵……1/2コ

ごま油……小さじ1

ごはん……1膳（150ｇ）

長ねぎ……10cm
>>> 縦4つ割りにし、5mm幅に切る。

塩、こしょう……各少々

作り方

① レンジ対応の保存容器にごはん、ツナ、長ねぎ、卵、ごま油を入れて混ぜ合わせる。

② フタを斜めにのせて、電子レンジで2分30秒加熱する。塩こしょうで味をととのえる。

74/100

小松菜と高菜のくたくた煮
心地よい酸味と辛みは、ごはんのおかわり間違いナシ

小松菜……2株（50ｇ）
≫≫ 3cm長さに切る。
刻み高菜漬け……大さじ2

Ⓐ
しょうゆ……小さじ2
砂糖……小さじ1
だし汁……大さじ1

作り方

① レンジ対応の保存容器に小松菜、高菜漬け、Ⓐを入れて混ぜ合わせる。

② フタをずらしてのせて、電子レンジで1分加熱する。

75/100

おつまみ

まぐろ(赤身)……100g
≫≫ 1cm角に切る。

まぐろのしぐれ煮

まぐろの刺身があまったら、迷わずコレ！

おつまみ

しょうが(みじん切り)……小さじ1
Ⓐ 砂糖……小さじ1
しょうゆ……小さじ2

作り方

1 レンジ対応の保存容器にまぐろ、Ⓐを入れて混ぜ合わせる。

2 フタをせずに電子レンジで1分30秒加熱し、
フタをして1分おく。

76/100

さけのわさび漬け和え

酒の肴にも、シメのごはんにもピッタリな一品

甘塩さけ……1切れ（80g）
>>> 容器に入る大きさに切る。

しょうゆ……少々

わさび漬け……大さじ3

作り方

1. レンジ対応の保存容器にさけを入れ、フタをせずに電子レンジで1分20秒加熱する。

2. 皮を取り、骨を取り除きながら身を菜箸などでほぐす。

3. わさび漬け、しょうゆを加えて混ぜ合わせる。

しめさばそぼろ

このほのかな酸味が、酒呑みにはたまりません！

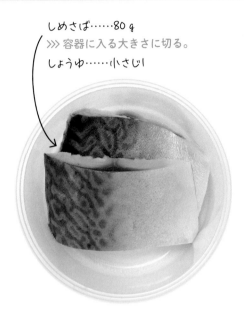

しめさば……80g
>>> 容器に入る大きさに切る。

しょうゆ……小さじ1

しそ……5枚
>>> 小さくちぎる。

みょうが……1コ
>>> みじん切りにする。

おつまみ

作り方

1. レンジ対応の保存容器にしめさばを入れ、しょうゆをかける。

2. フタをせずに電子レンジで1分20秒加熱する。

3. しめさばを菜箸などでほぐし、しそ、みょうがを混ぜ合わせる。

78/100

かじきまぐろの梅煮

さっぱりヘルシーな煮物は、日本酒のおとも

かじきまぐろ……1切れ（80g）
≫≫ 小さめのそぎ切りにする。

梅干し……大1コ
しょうゆ……小さじ1
砂糖……小さじ1/2

おつまみ

作り方

1 レンジ対応の保存容器に梅干しを入れて菜箸でほぐし、しょうゆ、砂糖を加えて混ぜる。

2 かじきまぐろを加えて混ぜ合わせる。

3 フタをずらしてのせて、電子レンジで1分加熱する。フタをして1分おく。

79/100

あさりの深川風

つまみはもちろん、ごはんにのせれば深川丼！

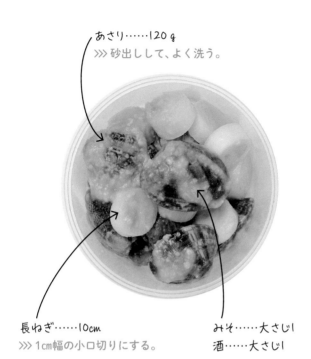

あさり……120g
≫≫ 砂出しして、よく洗う。

長ねぎ……10cm
≫≫ 1cm幅の小口切りにする。

みそ……大さじ1
酒……大さじ1

おつまみ

作り方

① レンジ対応の保存容器にみそを入れ、酒で溶く。

② あさり、長ねぎを入れて混ぜる。

③ フタをずらしてのせて、電子レンジで1分30秒加熱する。
フタをして2分おく。

80/100

油揚げの含め煮

甘めのお揚げに、山椒がピリリと刺激的

油揚げ……1枚
>>> キッチンペーパーにはさんで
表面の油を拭き取り、ひと口大に切る。

実山椒の佃煮……小さじ1

Ⓐ
だし汁……1/4カップ
しょうゆ……小さじ1
みりん……小さじ1/2

作り方

① レンジ対応の保存容器に油揚げ、実山椒の佃煮、Ⓐを入れて
よく混ぜる。

② フタをずらしてのせて、電子レンジで2分30秒加熱する。
フタをして2分おく。

おつまみ

81/100

砂肝……100 g
>>> 5mm厚さに切る。

砂肝カレーじょうゆ煮

コリコリの食感と、ほのかなカレー風味でビールがすすむ！

おつまみ

Ⓐ
カレー粉……小さじ1/4
砂糖……大さじ1/2
しょうゆ……大さじ1

作り方

❶ レンジ対応の保存容器に砂肝、Ⓐを入れて混ぜ合わせる。

❷ フタをずらしてのせて、電子レンジで1分30秒加熱する。
フタをして2分おく。

82/100

サーモン(刺身用)……80g
>>> 1cm角に切る。

サーモンの粒マスタード風味

ワインにするか、日本酒に合わせるか…迷います

おつまみ

	しょうゆ……小さじ1
	オリーブ油……小さじ1
Ⓐ	粒マスタード……大さじ1
	塩……少々
	こしょう……少々

作り方

1 レンジ対応の保存容器にサーモン、Ⓐを入れてよく混ぜる。

2 フタをずらしてのせて、電子レンジで1分15秒加熱する。
フタをして1分おく。

83/100

たこのチリソース

たこのシコシコ感が楽しいスパイシーなメキシカン!

ゆでたこ……60 g
>>> 7mm角に切る。

ピクルス……1本
>>> 7mm角に切る。

玉ねぎ……1/8コ(25 g)
>>> みじん切りにする。

にんにく……少々
>>> みじん切りにする。

Ⓐ	オリーブ油……小さじ1 タバスコ……小さじ1 ケチャップ……大さじ1 塩……少々

作り方

① レンジ対応の保存容器にたこ、玉ねぎ、ピクルス、にんにく、Ⓐを入れてよく混ぜる。

② フタをずらしてのせて、電子レンジで1分加熱する。

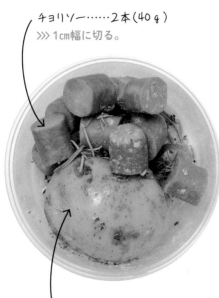

チョリソー……2本(40g)
>>> 1cm幅に切る。

じゃがいも……小1コ(60g)

じゃがいもとチョリソーのハーブ風味

主役のじゃがいもを、チョリソーの辛みとハーブの香りで

おつまみ

|Ⓐ|塩……少々
こしょう……少々
タイム……少々
オレガノ……少々
ローズマリー……少々
オリーブ油……小さじ1|

作り方

① レンジ対応の保存容器にじゃがいも、チョリソー、Ⓐを入れる。

② フタをずらしてのせて、電子レンジで2分30秒加熱する。フタをして2分おく。

③ じゃがいもをひと口大に割り、混ぜ合わせる。

85/100

しじみのしょうゆ漬け

ビールで、日本酒で、紹興酒で。ピリ辛な漬け汁もおいしい！

しじみ……100g
>>> 砂出しして洗う。

赤唐辛子……1本
>>> ちぎる。

にんにく……1かけ
>>> 半分に切って、つぶす。

しょうゆ……大さじ2

おつまみ

作り方

1. レンジ対応の保存容器にしじみ、にんにく、赤唐辛子、しょうゆを入れる。

2. フタをずらしてのせて、電子レンジで1分30秒加熱する。フタをして2分おく。

86/100

なすしそみそ

"なべしぎ"風で、どこかほっとする味わい

なす……1本(80g)
≫≫ 1cm角に切る。
しそ……5枚
≫≫ 1cm角に切る。

Ⓐ みそ……大さじ3
砂糖……大さじ3
みりん……大さじ1

作り方

① レンジ対応の保存容器にⒶを合わせ、なす、しそを加えて混ぜる。

② フタをずらしてのせて、電子レンジで2分加熱する。

87/100

スープと汁もの

豚肉とキャベツの春雨スープ

体をいたわる、具だくさんの食べるスープです

豚もも薄切り肉……50 g
>>> 細切りにする。

春雨……20 g

キャベツ……1/2枚(50 g)
>>> 細切りにする。

長ねぎ……10cm(20 g)
>>> 斜め薄切りにする。

Ⓐ
水……1 1/4カップ
チキンブイヨン……1/4コ
塩……少々
こしょう……少々
しょうゆ……大さじ1/2
ごま油……小さじ1/2

作り方

❶ レンジ対応の保存容器にⒶ、豚肉、キャベツ、長ねぎ、春雨を入れる。

❷ フタを斜めにのせて、電子レンジで4分加熱する。

88/100

186

あさりとキムチのスープ

うまみたっぷりスープで、元気をチャージ

白菜キムチ……50 g

あさり……150 g
≫≫ 砂出しして洗う。

小松菜……1株(20 g)
≫≫ 3cm長さに切る。

Ⓐ
水……1 1/4 カップ
チキンブイヨン……1/4 コ
塩……少々
こしょう……少々

作り方

❶ レンジ対応の保存容器にあさり、キムチ、小松菜、Ⓐを入れる。

❷ フタを斜めにのせて、電子レンジで4分加熱する。

89 /100

188

ミネストローネ

野菜不足を感じたら、このスープでリセット!

早ゆでマカロニ……20g

玉ねぎ……1/4コ(50g)
≫≫ 1cm角に切る。

ベーコン……1 枚
≫≫ 1cm角に切る。

ひよこ豆の水煮(缶詰)
……大さじ2(30g)

キャベツ……1/2枚(50g)
≫≫ 1cm角に切る。

トマト……大1/2コ(100g)
≫≫ 1cm角に切る。

水……1カップ
チキンブイヨン……1/4コ
Ⓐ 塩……少々
こしょう……少々
ローリエ……少々

90/100

作り方

1. レンジ対応の保存容器に玉ねぎ、キャベツ、トマト、ベーコン、ひよこ豆、マカロニ、Aを入れる。

2. フタを斜めにのせて、電子レンジで5分加熱する。

潮の香りに癒される滋味深い味わい

のりとくずし豆腐のスープ

豆腐……小1/2丁（100g）

焼きのり……1/2枚
>>> ちぎる。

	だし汁……1 1/4カップ
Ⓐ	塩……少々
	しょうゆ……少々

作り方

1 レンジ対応の保存容器に豆腐を入れてくずし、のり、Ⓐを加える。

2 フタを斜めにのせて、電子レンジで3分加熱する。

スープと汁もの

91/100

豚汁

栄養たっぷりの汁ものが、少量から作れるのがうれしい

豚ばら薄切り肉……50ｇ
>>> ひと口大に切る。

大根……1cm(50ｇ)
>>> 5mm厚さの
いちょう切りにする。

にんじん……1/5本(30ｇ)
>>> 5mm厚さの
いちょう切りにする。

だし汁……1 1/4カップ
みそ……大さじ1

長ねぎ……10cm
>>> 1cm幅の小口切りにする。

作り方

1 レンジ対応の保存容器にだし汁を入れてみそを溶き、豚肉、大根、にんじん、長ねぎを入れる。

2 フタを斜めにのせて、電子レンジで5分加熱する。

スープと汁もの

92/100

きのこのみそ汁

こんなに簡単ならば、もうインスタントはいらない

しめじ……1/2パック
>>> 石づきを取ってほぐす。

なめこ……1/2袋
>>> さっと洗う。

長ねぎ……10cm
>>> 斜め薄切りにする。

だし汁……1カップ
みそ……大さじ1

スープと汁もの

作り方

1. レンジ対応の保存容器にだし汁を入れてみそを溶き、なめこ、しめじ、長ねぎを入れる。

2. フタを斜めにのせて、電子レンジで3分加熱する。

93/100

韓国のりのピリ辛佃煮

これだけで、ごはんが何杯も食べられそう!

韓国のり……3枚
>>> 細かくちぎる。
水……80ml

Ⓐ
| しょうゆ……大さじ1/2
| コチュジャン……大さじ1/2
| 一味唐辛子……少々

作り方

① レンジ対応の保存容器にⒶを合わせ、韓国のり、水を加える。

② フタをずらしてのせて、電子レンジで2分加熱する。
熱いうちによく混ぜる。

スイーツ

さつまいも……5cm (75g)

キャラメル……2コ

キャラメルさつまいも

材料はたった2つ。すぐに試せる簡単スイーツ

スイーツ

作り方

1. さつまいもは2.5cm幅の輪切りにし、それぞれレンジ対応の小さな紙ケースに入れる。

2. レンジ対応の保存容器に①を入れ、さつまいもの上にキャラメルをのせる。

3. フタを斜めにのせて、電子レンジで2分加熱する。

95/100

春巻きの皮チョコパイ

レンジの魔法で、春巻きの皮がパリパリのパイ生地に

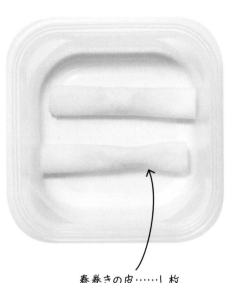

春巻きの皮……1 枚
バター……少々
チョコレート……少々

スイーツ

作り方

1 春巻きの皮は半分に切り、縦長におく。バターを塗って
チョコレートをおいて手前からくるくると巻く。

2 レンジ対応の保存容器に❶を並べ入れ、フタをせずに、
電子レンジで1分加熱する。

96/100

バナナチョコケーキ

バナナとチョコは、やっぱり鉄板の組み合わせ！

バナナ……小1本

チョコレートチップ……大さじ3（30g）

ホットケーキミックス……50g
A 卵……1コ
砂糖……大さじ1

スイーツ

作り方

1. レンジ対応の保存容器にバナナを入れてフォークでざっとつぶす。

2. Aを加えてよく混ぜて、チョコレートチップを加える。

3. 表面に霧吹きで水（分量外）を吹きかけ、フタをせずに、電子レンジで2分加熱する。

97/100

白玉シロップ

ほのかな甘いシロップとモチモチの白玉の優しいおやつ

白玉粉……20 g
水……大さじ1 1/3

Ⓐ 水……1/2カップ
砂糖……大さじ1

作り方

① 白玉粉に水を加えてこね、小さく丸めてレンジ対応の保存容器に並べ入れる。

② ①にⒶを加える。

③ フタを斜めにのせて、電子レンジで2分加熱する。

栗蒸しまんじゅう

まんじゅうもレンジでできちゃうんです！

スイーツ

Ⓐ 薄力粉……30 g
ベーキングパウダー……小さじ1/3
砂糖……小さじ2

水……大さじ1

栗の甘露煮……2コ
》》半分に切る。

作り方

❶ ボウルにⒶをふるい入れて合わせ、水を加えてこねる。

❷ ❶を4等分して栗を包み、レンジ対応の小さな紙ケースに入れる。

❸ ❷をレンジ対応の保存容器に並べ入れ、フタを斜めにのせて、電子レンジで1分10秒加熱する。

99/100

和風蒸しケーキ

ホットケーキミックスに甘納豆をあわせて

甘納豆……1/4カップ(50g)
>>> 粗く刻む。

ホットケーキミックス……75g
卵……1コ
Ⓐ 牛乳……大さじ2
砂糖……大さじ2

作り方

1 レンジ対応の保存容器にⒶを合わせてよく混ぜる。

2 甘納豆をちらし、表面に霧吹きで水(分量外)を吹きかけ、
　フタをせずに、電子レンジで2分加熱する。

本書は『保存容器でつくる「おハコ」レシピ』（小社刊／2010年）、『保存容器でつくる ごはんのとも』（同／2011年）を改題・再編集したものです。

著者紹介

検見﨑聡美（けんみざき さとみ）

料理研究家、管理栄養士。赤堀栄養専門学校卒業後、料理研究家のアシスタントを務める。独立後はテレビや雑誌、書籍を中心に活躍。初心者でも手軽に確実に作れる料理と、そのセンスのよさには定評がある。
『「合わせ調味料」の味つけ便利帳』『塩分０ｇの満足おかず』『週一回の作りおき「漬けおき」レシピ』『「サラダチキン」「鶏むね肉」の絶品おつまみ』『おかずがいらない炊き込みごはん』（小社刊）、『おいしさのコツが一目でわかる 基本の料理』（成美堂出版）など著書多数。

staff

本文デザイン／青木佐和子
撮影／小野岳也
スタイリング／naofukuu
料理アシスタント／大木詩子

保存容器だけでレンチン「おハコ」レシピ

2020年1月1日　第1刷

著　　　者	検見﨑聡美
発　行　者	小澤源太郎
責任編集	株式会社プライム涌光

電話　編集部　03(3203)2850

発　行　所　　株式会社青春出版社

東京都新宿区若松町12番1号〒162-0056
振替番号　00190-7-98602
電話　営業部　03(3207)1916

印刷・大日本印刷　　　製本・ナショナル製本

万一、落丁、乱丁がありました節は、お取りかえします

ISBN978-4-413-11312-0 C0077
©Kenmizaki Satomi 2020 Printed in Japan

できる大人の大全シリーズ

3行レシピでつくる
おつまみ大全

杵島直美　検見﨑聡美

ISBN978-4-413-11218-5

小さな疑問から心を浄化する!
日本の神様と仏様大全

三橋健（監修）/ 廣澤隆之（監修）

ISBN978-4-413-11221-5

もう雑談のネタに困らない!
大人の雑学大全

話題の達人倶楽部［編］

ISBN978-4-413-11229-1

日本人の9割が知らない!
「ことばの選び方」大全

日本語研究会［編］

ISBN978-4-413-11236-9

日本史の表舞台から消えた
「その後」の顛末大全

歴史の謎研究会［編］

ISBN978-4-413-11289-5

知ってるだけで一目置かれる！
「モノの単位」大事典

ホームライフ取材班［編］

ISBN978-4-413-11291-8

日本史の「なぜ？」を解く
200の裏事情

歴史の謎研究会［編］

ISBN978-4-413-11301-4

お客に言えない
食べ物の裏話大全

㊙情報取材班［編］

ISBN978-4-413-11304-5